Antonio Mira de Amescua

No hay reinar como el vivir

Edición de Vern Williamsen

Barcelona **2024**
Linkgua-ediciones.com

Créditos

Título original: No hay reinar como el vivir.

© 2024, Red ediciones S.L.

e-mail: info@linkgua.com

Diseño de cubierta: Michel Mallard.

ISBN rústica: 978-84-9816-112-0.
ISBN ebook: 978-84-9897-590-1.

Sumario

Brevísima presentación

La vida

Antonio Mira de Amescua (Guadix, Granada, c. 1574-1644). España.

De familia noble, estudió teología en Guadix y Granada, mezclando su sacerdocio con su dedicación a la literatura. Estuvo en Nápoles al servicio del conde de Lemos y luego vivió en Madrid, donde participó en justas poéticas y fiestas cortesanas.

Personajes

Carlos, hijo de Conrado
Octavio, hijo de Conrado
Conrado, gobernador de Sicilia
Camilo, criado gracioso
Federico, Rey de Nápoles
Margarita, Reina heredera de Sicilia
Serafina, camarera mayor a Margarita
Porcia, criada de Margarita

Jornada primera

(Salen Conrado, Octavio y Carlos.)

Carlos
> Señor, ¿qué tienes? ¿Qué mal
> o qué accidente importante
> perturba en tu semblante
> la gravedad natural?
> ¿Con tus hijos callas? ¿Cuándo
> tu pecho no nos dijiste?
> Mucho nos prometes triste;
> mucho nos dices callando.

Octavio
> Siendo tú gobernador
> de Sicilia, siendo el hombre
> de más fortuna, más nombre,
> más grandeza, más valor,
> ¿qué accidente, qué tristeza
> puede mudar, importuna,
> del estado la fortuna,
> del ánimo la grandeza?

Conrado
> No es tristeza ni pasión
> la que veis sino cuidado
> que me tiene arrebatado
> mi propia imaginación.

(Aparte.)
> (Ya que a pensar me atreví
> tan estupendos agravios,
> y han de salir de mis labios
> porque no caben en mí,
> ya que quiero ejecutar
> un terrible pensamiento,
> que en el alma está violento
> por salir o reventar,

¿con cuál de estos hijos míos
será bien comunicarlos?
El hijo menor es Carlos.
Tiene valor, tiene bríos
   para en puestos de cuidado.
Pero inclinado a piedad,
es lengua de la verdad;
préciase de muy honrado.
   Sé que Octavio es más cruel;
tiene altivo natural.
Más que al bien se inclina al mal;
pero no hay valor en él.
   Ahora bien, sin revelar
mi intención, he de saber
cuál de los dos ha de ser
quien me tiene de ayudar.)
   Hijo Octavio, salte afuera.

Octavio

¿Cómo ese agravio me has hecho?
¿Saber no puede tu pecho
quien magnánimo supiera
   resistir gallardo y fuerte,
por sacarte de cuidados,
las mudanzas de los hados
y las sombras de la muerte?

Conrado

   Octavio, sí; pero en esto
no hay cosa que os toque a vos.
Mi pecho sabréis los dos;
mi tristeza sabréis presto.

(Vase [Octavio].)

   Carlos, escucha. Un consejo
te previene mi cuidado.
No es amor quien lo ha dictado,
no es la prudencia de un viejo,

10

sino la misma razón.
Heredera es Margarita
de Sicilia. Solicita
como amante su afición;
   que aunque esquiva, mujer es.
Con la sangre y la amistad
dispondrás su voluntad
para hablarla yo después.

Carlos   No hay en mí merecimientos
para emprender tal abismo,
y el conocerme a mí mismo
modera mis pensamientos.
   Su esquivez y su belleza,
su gallarda inclinación
a la guerra y caza, son
pasmos de Naturaleza.
   No me mandes emprender
imposibles.

Conrado   ¿Ése es brío
de varón que es hijo mío?
¿Pusilánime ha de ser
   Carlos, hijo de Conrado?
No es modestia, es cobardía;
que no tiene sangre mía
quien a sí se ha despreciado.

Carlos   Señor, la verdad diré,
y perdone el replicarte,
que quizá ama en otra parte
con un ejemplo de fe.
   Con un singular cuidado,
quien se alegra en un deseo,

quien no tiene otro empleo,
merece ser disculpado.

Conrado (Aparte.)   (Tomemos otro camino.)
Hoy me dieron un papel
con un mote escrito en él
bien extraño y peregrino,
   y te quiero consultar
como cuerdo y advertido.

(Lee.)   «Ninguno cruel ha sido
por vivir y por Reinar.»

Carlos   Dice mal. Ninguna cosa
disculpa la tiranía.
De Eurípides repetía
la antigüedad ambiciosa
   dos versos: que si las leyes
no observadas han de ser,
por Reinar se han de romper.
Mas si con dioses los reyes,
   que con alto privilegio
tienen deidad y exención,
hacer con ellos traición,
no es traición, es sacrilegio.
   Mientras más dificultosa
la empresa del ofensor,
la crueldad será mayor;
y es consecuencia forzosa
   que si el bien más singular
es Reinar, el que se abona
quitar al Rey la corona
será infame por Reinar.

(Vase Carlos.)

Conrado   Déjame solo. No debo
descubrirme a Carlos hoy.
Dudosa y cobarde estoy.
Ya me animo y ya me atrevo.
      ¡Octavio!

(Sale Octavio.)

Octavio   ¿Señor?

Conrado   Aquí
te dejaré satisfecho
de mi amor, y que en mi pecho
no hay secretos para ti.
      ¿Qué se puede sospechar
de un papel que me han traído?

(Lee.)   «Ninguno cruel ha sido
por vivir y por Reinar.»

Octavio   Dice bien, pues de una suerte
naturaleza convida
a amar nuestra propia vida
aborreciendo la muerte,
      y a mejorar el estado
y a seguir el propio aumento;
que el humano pensamiento
no vivirá sosegado
      hasta hallar y conseguir
al bien último y mayor,
que es ser Rey y ser señor;
y el segundo es el vivir.

Y en él, varón singular,
dejó César esculpido
que nadie cruel ha sido
por vivir ni por Reinar.
    La observancia de la ley
al que es Rey no comprehende
que bajeza o mancha ofende
la pura sangre de un Rey.
    ¿Cuándo pastor de ganado
que por bien o mal llegó
a ser un Rey, no ilustró
la sangre cuando el cayado
    trocó en cetro? Y si después
pierde el reino por error
o desdicha, no es pastor,
un ilustre varón es.
    No crueldad, mas tiranía,
la del Reinar se ha llamado;
y en solo haberla intentado
es humana bizarría.

Conrado
    Pues atiende a mis razones,
ya que gallardo y discreto
has hecho así ostentación
de tus altos pensamientos.
Hijo bastardo nací
del celebrado Manfredo,
Rey de Sicilia. No estuvo
elegir mi nacimiento
en mi mano. Fui incapaz
de la majestad y el cetro
por falta de destino,
por voluntad de los cielos.
Heredó el hijo menor;

y el nombre de Recaredo
dejó en Sicilia famoso
por su valor y su ingenio.
Una hija sola tuvo,
que es Margarita, y muriendo
el gobierno y su tutela
me dejó en su testamento.
Ordenó que hasta tener
veinte y tres años y medio,
porque entrase en veinte y cuatro,
no administrase este reino.
Agora se va llegando,
amigo Octavio, este tiempo,
y del ser gobernador
seré despojado presto.
Pero si la industria ha dado
púrpura, laurel, imperio,
y estableció la osadía
repúblicas que pudieron
competir con monarquías,
no nos falte atrevimiento.
Si la legítima línea
de príncipes herederos
de Sicilia feneciese,
a nosotros viene luego
la majestad soberana,
y en Margarita está cierto
que fenece. Octavio, ¡muera!
Una vida sola ha puesto
impedimento al Reinar.
Rómpase el impedimento.
Más aventuraba César
cuando, ambicioso y soberbio,
cristales del Rubicón

iba dudoso rompiendo.
¡Cuántos príncipes del Asia,
cuántos romanos y griegos
conquistaron en España el mundo,
majestades y trofeos!
Más fácil es nuestra empresa.
Solo un vaso de veneno
nos puede hacer de vasallos
reyes famosos. ¿Qué ejemplos
no están en nuestro favor?
Ya lo más tenemos hecho,
que es el haberlo intentado.
Lógrese nuestro deseo.
Y porque a la tiranía
precedan más dulces medios,
como amante has de servirla.
Conquístela el galanteo,
por si acaso, agradecida,
te quiere elegir por dueño;
y en no queriendo, su muerte
dará venganza al desprecio.
Bien te quiere Serafina,
su camarera, y podemos
inducirla a tal acción
con amenazas o ruegos.
Dale palabra de esposo,
porque ella, con los deseos
de verse Reinar, no niegue
su industria a nuestros intentos.
Entre los tres solamente
estará el caso secreto,
pues que somos todos tres
interesados en ello.
¡Ea, Octavio, alto a la empresa!

Magnánimo entrega el pecho
a la fortuna, porque ella
te dé felices sucesos.
Ya te miro coronado;
príncipe te considero;
Rey de Sicilia te aclamo;
varón dichoso te veo.

Octavio   ¡Cuántas veces, cuántos ratos,
que defraudada del sueño
gasta en quimeras el alma
con la quietud y el silencio
de la noche, ha vacilado
en esto mi pensamiento!
¡Vive Dios, que eres idea
de mis altos devaneos!
Dalo por hecho, señor,
porque el hacer mi tercero
al amor es excusado;
que algunas veces lo he hecho;
y Margarita, indignada
de escuchar dulces requiebros,
con su esquivez varonil
me ha motejado de necio.
Del gusto de Serafina
no hay que dudar. La tenemos
segura; que bien lo dice
su amoroso rendimiento.
Ella viene. Da lugar.

Conrado   La ambición atrevimiento
da más que amor. Osadía
y valor te den los cielos.

(Retírese [Conrado] y sale Serafina.)

Octavio
      Tu belleza en los jardines
cambiantes dolores mueve,
dando a los claveles nieve,
dando grana a los jazmines.
      Entre mirtos eminentes
sola vienes, y haces bien;
que eres el alba de quien
aprenden Persales fuentes.

Serafina
      Lisonjero estás, Octavio.
Volveréme.

Octavio
              La razón
es quien dicta el corazón,
y amor es que mueve el labio.
      Viendo estos varios colores
y notando que la rosa,
sangre de Venus hermosa,
es Reina de las flores,
      dije entre mí que debía
Reinar la mayor belleza,
pues que aquí naturaleza
esto en las flores hacía.
      Y siendo ansí, tú, señora,
Reina de Sicilia fueras:
rosa que hermosura dieras
a los campos de la aurora.
      ¡Oh, quién te viese Reinar!

Serafina
      Locuras y devaneos
son, Octavio, los deseos
que no se pueden lograr.

¿Yo, Reina? ¿Cómo ni cuándo?
¿Dónde y por qué?

Octavio   ¿Cuándo? Luego.
¿Dónde? En Sicilia que fuego
de ese monte está exhalando.
        ¿Por qué? Porque es dulce cosa
Reinar; dulce empresa fue.
El cómo yo lo diré.

Serafina (Aparte.)   (Turbada estoy y dudosa.)
                      ¿Qué dices?

(Sale Conrado.)

Conrado   Que la fortuna,
segunda naturaleza,
ha de poner tu belleza
sobre el cerco de la Luna.
        Serafina, si has de ser
de Octavio, tu nuevo aliento
dé ambición al pensamiento.
Reina te habemos de hacer.
        Cuando hay valor y prudencia
en las fuertes ocasiones,
usar de breves razones
es la mayor elocuencia.
        Si nos falta Margarita,
Reina Octavio, y de esta suerte,
vida será si la muerte
la empresa nos facilita.
        Dale veneno, porque esto
usó siempre la ambición.

Serafina (Aparte.) (Extraña resolución
declarándose muy presto.)

Conrado (Aparte.) (Yo sé que está persuadida
Serafina a su interés.)

Serafina Acción rigurosa es
quitarle, señor, la vida.
  Bastará darle un veneno
que de juicio la prive.
Si incapaz de Reinar vive,
Reinaremos todos.

Conrado Bueno.
  Piedad injuriosa fue,
pues, viviendo la matamos.
Si el veneno que la demos
hace que incapaz esté
  de Reinar, será lo mismo.
¡Alto! A prevenirlo voy.

(Vase.)

Octavio Si Rey de Sicilia soy,
este piélago, este abismo
  de amor, tendidos están
a tus ojos soberanos.

(Vase.)

Serafina Necios son y son tiranos;
grandes cuidados me dan.
  Corrida estoy de que ansí,
fácilmente, satisfechos

me descubriesen sus pechos.
¿Qué ambición han visto en mí?
   Si descubro que alevosos
son a la Reina, en mi vida
hay venganza conocida
porque éstos son poderosos.
   Si me niego a su traición,
han de buscar otro medio.
No se me ofrece remedio.
¡Qué terrible confusión!

(Sale Carlos.)

Carlos
     La primera vez, señora,
que me viste y no has huido
es éste. Dichoso he sido
si me escuchases agora
   tras de tanto padecer.
¿A qué mujer desagrada
ser de un hombre idolatrada
si no se llega a perder
   aquel honesto decoro
que a la hermosura se debe?
No ama bien el que se atreve.
Sin esperanzas adoro.

Serafina (Aparte.)
     (Él piensa que no le estimo
y vive desconfiado,
siendo su propio cuidado
la vida con que me animo.
   Esfuerzos hace mi amor
si de sus palabras huye,
y a desdenes atribuya
los recatos del honor.

Su hermano es de otra manera.
Piensa que de mí es querido,
pero, ¿qué necio no ha sido
confiado? Saber quisiera
   si tirano Carlos es;
porque aborrecer intento
sus acciones al momento
si son cómplices los tres.)
   Carlos, ¿quién amó de veras
sin la villana esperanza?
¿Un silencio a ser no alcanza?
Si dices que amas, ya esperas,
   y en mí no has de hallar favor
en tanto que no te veo
Rey de Sicilia.

Carlos   No creo
que vio imposibles amor
   tan grandes. Con esto dices
que en vano amor solicita
tu favor, si a Margarita
dará el cielo años felices
   y sucesión generosa.
¡Plega al cielo que ansí sea!,
aunque nunca un favor vea
de ti, Serafina hermosa.

Serafina   ¿Luego más estimas, di,
a tu Reina que a tu dama
y a ti mismo?

Carlos   Quien se llama
honrado ha de hacerlo ansí.
   Mi religión es primero;

después de ella mi Rey es;
mi dama viene después;
yo mismo soy el postrero.

   De modo que si interviene
Reina, dama, mi provecho,
el primer lugar del pecho
es el que la Reina tiene.

   De mi dama es el segundo;
falte después para mí
o no falte, porque ansí
son las noblezas del mundo.

   Si a mi dama y Reina viera
en peligro, cosa es clara,
que yo a mi Reina amparara,
aunque mi dama muriera.

Serafina	Siendo, Carlos, de esta suerte tu lealtad tan conocida, ¿por dar a tu Reina vida, te atrevieras a la muerte?
Carlos	Ansí lo deben hacer vasallos que nobles son.
Serafina	¿Y corre esa obligación en una ilustre mujer?
Carlos	Sí, porque muchas lo han hecho.
Serafina (Aparte.)	(Más nobleza y lealtad tiene.) Vete, que la Reina viene.
(Aparte.)	(No se va quien en mi pecho vive siempre.)

Carlos	No sosiega
	quien ve la deidad que adora.
	¿Volveréte a ver, señora?
Serafina	¡Qué pesado estás! Ya llega.
Carlos	La turbación y alborozo
	grillos me ponen de hielos.
	¿Te veré?
Serafina	Sí, vete.
Carlos	¡Cielos,
	no me dé la muerte el gozo!

(Vase. Sale Margarita.)

Margarita	¿Tú en los jardines sin mí,
	Serafina? No solías
	dar sola melancolías
	a ese pálido alhelí.
	Ni envidias ni celos diste
	sin mí a esa fuente. ¿A qué rosa,
	por verte a ti más hermosa,
	has dejado sin mí triste?
Serafina	¡Pluguiera al cielo, señora,
	no viera yo los jardines
	donde llueven los jazmines
	lágrimas como la aurora!
	¡Pluguiera a Dios, no pudiera
	mover los pasos a ver
	esas fuentes que han de ser
	llanto de mi muerte!

Margarita	Espera; no prosigas. Cuando llega el tiempo que he de Reinar, cuando mi amor singular favor ninguno te niega, ¿vivir no quieres? ¿No ves que es furioso barbarismo?

Serafina	Reinar debes, y eso mismo
	causa de mis males es.
	    Bien sé que tengo la muerte
	o la vida entre mis labios,
	pero diré los agravios
	que la envidia quiere hacerte.
	    Incapaz quiere dejarte
	de Reinar con un veneno,
	un monstruo de engaños lleno
	y de edad por heredarte,
	    sin ley, sin piedad, sin fe.
	Peligra en una bebida
	tu entendimiento o tu vida;
	y quieren que yo la dé.

Margarita	¡Válgame Dios! ¿La ambición tanto ha podido en un viejo?
Serafina	Sin prudencia y sin consejo se ha entregado a su traición.
(Paséase.)	
Margarita	¡Jesús! ¡Apenas lo creo! ¡Mi propia sangre, mi tío!

Serafina	¿Qué haremos? Que desconfío del remedio.
Margarita	¡Yo deseo su aumento, su bien, su vida, y él mi muerte, y el mi agravio!
Serafina	Carlos no lo sabe. Octavio a tal acción me convida.
Margarita	Venga una espada; que yo le daré muerte primero; mas tarde llega el acero si el engaño madrugó.
Serafina	Aconséjame, señora.
Margarita	¡Yo sin seso, yo sin vida!
Serafina	¿Qué he de hacer?
Margarita	Si mi homicida es Rey de Sicilia, agora mal me podré defender.
Serafina	No haga en ti, señora mía, la fuerte melancolía lo que el veneno ha de hacer. Atiende a lo que te digo. ¡Para! ¡Sosiega!
Margarita	Traidor, ¿ésta es obra de tutor?

¿Éste es oficio de amigo?

Serafina   Señora, el peligro ves.
¿Qué he de hacer para que vivas?

Margarita   Que ese veneno recibas
y agua en su lugar me des.

Serafina   Disimula, porque Octavio
viene acá.

Margarita   ¡Grave tormento
es tener un sentimiento
sin poder abrir el labio!

(Sale Octavio.)

Octavio   Tu alteza acierta en pasar
las tardes entre fuentes,
que espejos son transparentes
del cielo.

Margarita (Aparte.)   (Y de mi pesar.
Éste, necio me cansó.
Leal, le halló mi desprecio;
pues ¿qué hará ambicioso y necio?
¿Moriré a sus manos yo?)

(Llégale una silla.)

Octavio   ¿No te sientas?

Margarita   Sí, me siento.

Octavio	Goza, señora, de espacio el abril de este palacio.
Margarita (Aparte.) (Siéntase.)	(Y el mal de su pensamiento.) Sed tengo, y melancolía. Agua me trae de esa fuente; mas no, que estará caliente. Traedla de canela y fría.

[A Serafina.]

Octavio (Aparte.)	(Llegósenos la ocasión. Mi padre te está esperando.)

[Vase Serafina.]

Margarita (Aparte.)	(El semblante va turbando; mal se encubre una ambición. Pedir agua le alegró.

(Sale Carlos, y hace una gran reverencia.)

                Éste es sabio y más callado,
                no habla si no preguntado.
                Más cuerdamente llegó.
                    ¿Si querrá mi mal también?
                No querrá; no lo ha sabido;
                porque siempre el que ha nacido
                discreto es hombre de bien.)
                    Carlos.

Carlos	¿Señora?
Margarita	¿Qué nuevas

publican los cortesanos?

Carlos   Dicen que el Rey de romanos
                       pasa a Nápoles, y levas
                          hace Alemania de gente.
                       Aquel reino hermoso y rico
                       ha heredado Federico,
                       y es un príncipe valiente,
                          bizarro y joven, y ansí
                       Adonis Marte se llama.
                       Conocíle por la fama,
                       y en Alemania le vi.

Margarita   ¿Y qué siente Octavio de él?

Octavio   Que es príncipe fanfarrón,
                       sin piedad, sin religión,
                       pusilánime y cruel.

Margarita (Aparte.)   (¿Qué necio no es envidioso?
                       ¿Qué envidia no es maldiciente?
                       Cuerdo es Carlos y prudente;
                       no puede ser alevoso.)
(A ellos.)   La pública voz es ésta.
(Aparte.)   (Y el haberlo yo escuchado
                       me cuenta más de un cuidado.
                       Más de un desvelo me cuenta.)

(Salen Conrado y Serafina, con vidrio de agua, y Porcia con toalla. [Conrado habla a Serafina].)

Conrado (Aparte.)   (Tu misma corona llevas.
                       Por Reinar no eres traidora.)

Serafina	Aquí está el agua, señora.
Octavio (Aparte.)	(Rey seré como tú bebes.)
Margarita (Aparte.)	(Serafina, dudo y temo. ¿Te has descuidado?)
Serafina (Aparte.)	(Segura puedes beber agua pura que te da mi amor supremo.)
Octavio (Aparte.)	(La muerte, que aplica el labio con sed trágica e infelice, un Rey de armas es que dice: «Sicilia está por Octavio.» Pavón soy, que ufana rueda puedo comenzar a hacer. ¡Y acabarlo de beber, que melancólica queda!)
Margarita	¿Qué accidente, qué tristeza pudo turbar mi sosiego? ¡Mi pecho es región del fuego, viento y mares mi cabeza! ¡Yo soy un mísero dueño de lágrimas y gemidos! Presos están mis sentidos en las cárceles del sueño.

(Finge que duerme.)

Conrado (Aparte.)	(Haciendo está en su hermosura el veneno operación; que estos accidentes son

señales de su locura.
   Digna es Serafina bella
de la diadema real.)

Octavio (Aparte.)   (¡Qué me parezca a mí mal
mi propia ambición en ella!
   Si bien antes la quería,
ya le aborrezco obligado;
pero no me da cuidado.
Ella beberá otro día.)

(Levántase furiosa Margarita.)

Serafina (Aparte.)   (Turbada, no estoy en mí.
¿Qué accidente el suyo fue,
si el veneno derramé
y es agua la que le di?)

Margarita   Salid del jardín, traidores,
y no manchéis desleales
lo puro de esos cristales
ni lo hermoso de estas flores.
   Nadie quede en mi presencia.
Loca estoy, haré mi oficio;
pues me ha quitado el juicio
una tirana violencia.
   A ese volcán imitando
quieren los hados que esté.
En los árboles haré
lo que se escribe de Orlando.

Conrado   ¿Qué es esto, sobrina?

Margarita   Tío,

un vivir fuera de mí,
una furia, un frenesí,
un letargo, un desvarío.
　　Ausentaos ya de mis ojos;
no deis fuerzas a mi rabia
cuando miraros me agravia,
cuando veros me da enojos.

Conrado
　　　　¡Fuerte accidente dispuso
su desdicha!

Octavio
　　　　　　　¡Sola queda!

Porcia
　　¡Quién ver sin lágrimas puede
tal desdicha!

Conrado
　　　　　　　¡Voy confuso!

(Vanse, y quedan Margarita y Serafina.)

Margarita
　　　　Ya me quisiera arrojar,
con estas ansias ardientes,
a la plata de esas fuentes
a la espuma de ese mar.

Serafina
　　　　Señora, no he de dejarte
mientras tu mal no lo impide;
que el alma se me divide
y el corazón se me parte.
　　La imaginación ha hecho
que estás, mi señora, ansí.
Si es agua la que te di,
no hay volcanes en tu pecho.

Margarita	¿Fuéronse?
Serafina	Todos se ausentan.
Margarita	Dulce cosa es el vivir.

Margarita   ¿Fuéronse?

Serafina   Todos se ausentan.

Margarita   Dulce cosa es el vivir.
Y ansí he querido fingir
lo que de veras intentan.
    No te dé cuidado el ver
mis locuras, Serafina;
que a veces se determina
la industria contra el poder
    y le vence, aunque es más fuerte.
Si éstos piensan que perdí
el seso cuando bebí,
no procurarán mi muerte.
    Vuela el tiempo, y otro tiempo
vendrá tras éste. Por dicha,
lo que en mí será desdicha,
será en ellos pasatiempo.
    Loca con discursos vanos
esperaré que el destino
o el cielo me abra camino
para salir de tiranos.

Serafina   Gracias a Dios que deshaces
mi temor y mi cuidado.
Carlos viene alborotado.

Margarita   Yo me retiro.

Serafina   Bien haces.

(Sale Carlos.)

Carlos	Serafina, si el decoro,
	que te es debido, te pierdo,
	o no me tendrás por cuerdo
	o no creerás que te adoro.
	Piensa, pues, lo que quisieres.
	Loco estoy o te aborrezco
	porque, si dudas padezco
	de quien soy de quien eres,
	¿qué mucho que loco esté?
	A la Reina dejó triste
	la bebida que le diste.
	Sospechosa está mi fe.
	¡Vive Dios! Que has de decir
	lo que le diste a beber.
	Monstruo, fiera, ángel, mujer,
	di ¿qué has hecho?, que morir
	quisiera antes que mirar
	en mi reino tal desdicha.
Serafina	¿Eres su amante, por dicha?
Carlos	¿Eso, oh falsa, has de pensar?
	¿Y me había de atrever?
	Harás que aquí me avergüence
	a amar la deidad que vence
	los términos de mujer.
	Como hombre de sangre buena,
	como vasallo leal,
	deseo saber su mal;
	pretendo saber su pena.
	¡Y ojalá aquella bebida
	mi padre le hubiera dado
	porque yo, desobligado
	de aquel ser, de aquella vida

que me dio, con este acero
castigara su ambición,
o supiera la ocasión
de aquel accidente fiero
de mi Reina, cuya fama
antes de su tiempo Reina;
porque en tocando a mi Reina
ni tengo padre ni dama.

Serafina

La cólera te perdono;
y advierte que es desvarío
tu sospecha.

Carlos

No me fío
de tu lengua.

(Sale la Reina.)

Margarita

Yo lo abono.

Carlos

Yo a tu presencia real
alegre niego los ojos.

(Vase Carlos.)

Serafina (Aparte.)

(Yo agradezco tus enojos.)

Margarita

¡Qué vasallo más leal!

(Vase.)

Serafina

Dime, Amor, ¿qué es lo que intentas?
Pues en medio de la furia
de su enojo y de mi injuria,

creces más y más te alientas.

(Salen Conrado, con una carta, Federico y Camilo.)

Conrado   A buen tiempo, Serafina,
                   nuestra industria efecto tiene.,
                   Del Rey de Nápoles viene
                   este embajador.

Serafina   ¿Se inclina
                   a Margarita?

Conrado   Sospecho
                   que se inclina a su hermosura,
                   pero en viendo la locura,
                   saldrá el amor de su pecho.

Camilo (Aparte.)   (Embajador de ti mismo
                   pienso que han de conocerte.)

Federico (Aparte.)   (No podrán, pues, como sabes
                   viví en Alemania siempre.)

Conrado   Señor marqués de Pescara,
                   Federico, a quien prospere
                   el cielo, me escribe en ésta,
                   lo que yo he de hacer alegre,
                   que os dé crédito y os sirva.
                   Decidme lo que pretende.

Federico   La conveniencia es muy grande.
                   Fama Federico tiene
                   de las virtudes y partes
                   de Margarita.

Conrado	¡Qué breves son las pompas de este mundo! Vueselencia a tiempo viene, que a todos tristes nos halla por un extraño accidente. No le quiero decir nada; que la misma Reina puede hablar por mí cuando a darle la embajada del Rey llegue. Ella sale.
Federico (Aparte.)	(Estoy confuso.) ¡Camilo!
Camilo	¿Señor?
Federico	Atiende a mirar la Reina bien, porque el alborozo suele turbar tal vez los sentidos.
Camilo	¿Luego por mi gusto quieres enamorarte? Pues date por casado. Como un diente le quede solo en la boca, no hay mujer que yo deseche. Años, arrugas, lagañas, corcovas, zarpas y liendres no me estorbaron jamás. Como Duero soy, que bebe todas las aguas.

(Salen Margarita, Porcia, Octavio y Carlos.)

Conrado	Sobrina, huélgome que te sosiegues para recibir la carta de Federico.
Margarita (Aparte.)	(Tú mientes, que no te huelgas, villano. Que no me tiene, conviene, el embajador por loca, ni éste por cuerda. ¡Qué fuerte es el trance en que me veo!)
Octavio	¿Vuestra majestad se siente para escuchar al marqués?
Margarita (Aparte.)	(¡Qué gallardo talle tiene!)
Federico	¡Camilo!
Camilo	¿Señor?
Federico	¿No miras entre hermosos rosicleres salir el Sol derramando la púrpura del oriente?
Camilo	Para mí tres soles hay, y si tres dueñas saliesen, también hubiera seis soles, y con una enana, siete.
Federico	Su efecto halló mi deseo. Deidad humana parece.

Camilo	Como galán de comedia te enamoras de repente.
Federico	Ya enamorado venía por la fama; y si eminente es su hermosura a la fama, no te espantes si me vence.

(Siéntase [Margarita]. Habla Carlos a ella.)

Carlos	Señora, vive advertida, porque Federico es éste.
Margarita	Tenlo secreto.
Carlos	Sí, haré.
Margarita	Corazón que agora teme. ojos que agora se turban, memoria que se divierte, alma que inquieta me anima, lengua que agora enmudece, ¿qué significan? ¿Señales son de amor? ¿Vencerme quiere? Ojos, sed más recatados; corazón, sed más valiente; memoria, sed más atenta; alma, sed aquí más fuerte; lengua, sed más atrevida.
Federico	Federico, a quien los reyes de Sicilia dieron sangre, me envía para que bese

a tu majestad la mano
y suplique humildemente
pases por ésta los ojos.

Margarita   Sentaos, Marqués.

Federico   No consiente
estas honras mi embajada.

Margarita (Aparte.)   (¡Cuántas veces, cuántas veces
la fama de Federico
me dio cuidados alegres,
presagios del mal futuro,
señales del bien presente!)

Conrado   ¡Vive Dios, que la ha dejado
el frenesí. Bien te puedes
alegrar con esa carta.

Margarita (Aparte.)   (Tú me dices lo que temes.

(Leyendo.)   «Allá me llevas los ojos,
Federico. Apenas leen
entre renglón y renglón.
A mirar tu talle vuelven.
Si estoy loca, no sé. Basta.
Si respondo cuerdamente,
corre peligro mi vida.
¿Quién vio dudas tan crueles?
¿Qué he de hacer agora? Agora
dame ayuda si Dios eres,
Amor. Hagamos de modo
que tan presto no se ausente
hasta estar desengañado;

y, si por loca me tiene,
dude si es verdad. Así
sosegarán los aleves,
pensando que loca estoy.)
A semejantes papeles
doy esta respuesta yo...
(Rómpele y levántase.) ...para que el viento se lleve
los engaños y mentiras.
Marqués, no es éste. Prendedle.»

Conrado   Señora, ¡mira qué dices!

Margarita   Digo que marqués no es éste
de Pescara, y nos engaña.
¡Préndanle luego! No dejen
que de Sicilia se vaya
hasta que otra cosa ordene.

[A Federico.]

Camilo   ¡Buen lance habemos echado!
«Entre hermosos rosicleres
el Sol sale derramando
la púrpura del oriente.»

Conrado   En mi carta lo acredita
Federico.

Margarita   ¿No le prenden?

Federico   Yo mismo seré, señora,
quien a la prisión se entregue.

[A Federico.]

Conrado	Perdona, que loca está y éste ha sido el accidente que te dije. Su humor sigue. Fuerza es que dejes prenderte por quietarla.
Federico (Aparte.)	(Amor, ¿qué es esto? ¿Tan alta deidad padece tal desdicha?) Preso estoy.
Margarita	Andar podrás libremente, como palabra me des de no ausentarte. A quien eres has de jurar de estar preso el tiempo que yo quisiere.
Federico	Sí, la doy.
Camilo (Aparte.)	(¿Qué has hecho, necio? Mas no importa que se quiebre a una loca la palabra.)
Federico (Aparte.)	(Cumpliréla eternamente.)
Margarita	(Prisiones pienso que son del amor estar alegre Federico, si es que ama.)
Conrado (Aparte.)	(Con esto ha hecho que cesen los casamientos.)
Carlos	¡Confuso esta locura me tiene!

Federico	¡Qué beldad tan desdichada!
Margarita	¡Qué piedades tan crueles!
Federico	¡Qué locura tan hermosa!
Margarita	¡Qué preso tan inocente!

Fin de la primera jornada

Jornada segunda

(Salen Federico y Camilo.)

Camilo
¿Cómo es posible que trates
de tener tan loco amor?
Vete a enamorar, señor,
las casas de los orates.
    Vuélvete a Nápoles ya,
que en otra parte hallaremos
mujer cuerda. En los extremos,
el vicio, dicen que está.
    ¡Qué finezas son las tuyas!
¡Qué extremos impertinentes!

Federico
¿Melancólico me sientes?
Ni me aconsejes ni arguyas.
    Vi su hermosura y amé.
Fuerza fue amar si la vi.

Camilo
Prosigue diciendo así:
«Vi la loca y la olvidé.»

Federico
¿Qué he de hacer si amor porfía?

Camilo
Vendiendo cierto lacayo
en tu corte un papagayo,
alabándola decía:
    «Es el pájaro más bello
que voló en el otro polo,
y es tan gracioso que solo
le falta hablar», siendo aquello
    lo que debiera tener.
Esto mismo dices, preso,

pues solo le falta seso
a esa perfecta mujer.

Federico   ¿Y si cesa el accidente?

Camilo   Esperanza es engañada.
Cuando esté más sosegada,
volverá el mal de repente,
   y te dirá que es Dios Padre.
De locos no hay que fiar;
de ellos te debes guardar;
fue consejo de mi madre.

Federico   Yo, Camilo, determino
ver otra vez su hermosura;
y si pasa la locura
adelante, aunque me inclino,
   venceré mi voluntad.

Camilo   ¿Y nos iremos?

Federico   Si creemos,
admirando, los extremos
de su desdicha y beldad.
   Pues viendo naturaleza
tan singular perfección,
aunque era su misma acción,
[envidiaba la belleza]
   que le daba y el pincel
arrojó con tanto exceso
que pudo manchar el seso.
¿Qué envidioso no es cruel?

Camilo   Tu padre en tu compañía

por [ser] tu loco me envió.
Si volviese cuerdo yo,
y tú, loco, ¿qué sería?

Federico   A estos jardines desciende.

Camilo   Pues toma resolución.

Federico   Tristezas sus males son,
y en ellos sanar pretende.

(Salen Margarita y Serafina.)

Serafina   Señora, el gobernador,
enemigo de tu vida,
quiere darte otra bebida,
pensando que estás mejor.
Finge. Más treguas no des
al fingido frenesí.

Margarita   Dices bien; harélo ansí.

Serafina   Aquí tiene al marqués.

Federico   Al preso dirás; tan preso
que ni al pensamiento da
su libertad.

Camilo (Aparte.)   (Loco está
quien a locos habla en seso.)

Federico   Tan gustosamente soy
a tu prisión obediente,
que, como el alma no siente,

con escrúpulos estoy
  de que no te obedecí.
¡Y así, señora, quisiera
que el alma más lo sintiera
para hacer algo por ti!

Margarita
  Quien rinde la voluntad
aunque con su gusto sea,
claro está que no desea
ni estima la voluntad.
  Si en el ánimo consiste
la verdadera prisión,
esos escrúpulos son
señal de que obedeciste;
  y así no deja de ser
prisión la tuya, pues cuando
el alma está deseando,
no es prisión, y es padecer.

Federico
  Tan sutil filosofía
bien claramente nos dice
que hay adversidad felice.
Y ansí viene a ser la mía
  una desdicha dichosa,
una prisión libertada,
una cárcel estimada,
y una culpa generosa.
  Es desdicha, porque ansí
causa a tus enojos doy;
dicha, porque preso estoy
donde puedo verte a ti.

Margarita
  Pues, marqués, verme o no verme
dicha puede ser ni pena.

(Aparte.)	(Calla, Amor, si eres sirena;
	si eres basilisco, duerme.)
	   Si verme a gusto os obliga,
	y no verme os atormenta,
	razón será que se sienta,
	mas no es razón que se diga.
	   No es materia, ésa, que os toca
	cuando de prisión hablamos.

Federico (Aparte.)	(Camilo, ya no nos vamos.
	Bien discurre; no está loca.)
	   Ver un preso a la que puede
	darle libertad y vida,
	esperanza es conocida,
	dicha que el cielo concede.
	   Y ansí dije que es prisión
	sin tormento y sin enojos,
	la prisión que ven tus ojos,
	que dueños de todos son.

Margarita	Quien tan rendido obedece, quien preso siente alegría, quien de mí no desconfía, bien la libertad merece. Ya que quedáis desobligado de la palabra, ¿qué ha sido la prisión que habéis tenido?
Federico	No la acepta mi cuidado. La libertad es molesta; no me la deis os suplico.
Margarita	Libre estáis ya, Federico. Llevaréis esta respuesta:

que rompí su carta yo
porque ha sido impertinente
carta, cuando está presente
la mano que la escribió.

Camilo   ¡Conocióte!

Margarita   Si os prendí
entre blasones tan claros,
fue para tener qué daros;
pues si menos rica fui
   que vos, ¿daros ser podría
si la libertad no os diera?
Aunque también os prendiera
por incrédulo y espía
   —de vuestro gusto y mi fama—
que no es galán verdadero
aquél que quiere primero
examinar a la dama.

Federico (Aparte.)   (Ya no nos vamos, Camilo.)
¡Oh, beldad cuerda y discreta!

Camilo   Aquí dijera un poeta:
«¡Oh, engañoso cocodrilo!»

Serafina   ¿Decláraste?

Margarita   Ya conviene.

Serafina   Conrado viene, el cruel.

Margarita   ¡Noramala para él!
¡Y en qué mal tiempo que viene!

(Salen Conrado, Octavio y Carlos.)

Conrado

A mí me doy parabién
de que alentada te veo.
¡Sabe Dios si lo deseo!

Margarita (Aparte.)   (¡Cruel, yo lo soy también!)

Conrado

Dale, señora, licencia
al marqués, que se detiene
más tiempo del que conviene.

Margarita

Si el marqués tiene paciencia,
   ¿por qué tenéis prisa agora?
(Aparte.)   (Locura he de fingir.
¡Oh, lo que puede el vivir!
El Rey se desenamora,
   si algo bien le ha parecido.
¡Cuánto mal hace un ingrato!)

Conrado

Porque te alegres un rato,
los músicos han venido.

Margarita

Luego embarcarte procura.
Vete a Nápoles, marqués,
porque estos dos que aquí ves
te pegarán mi locura.
(Aparte.)   (Decir pretendo verdades;
pues locuras multiplico
y quiero que Federico
sepa mis habilidades.)
   Si a examinarme viniste,
hacer quiero ostentación,

como la rueda el pavón,
porque cuentes lo que viste.
　Cantemos todos, y cuenta
al Rey que locos estamos.

Camilo　　　　　　　¿Parece que no nos vamos?
　　　　　　　　　　Volvióle el triste accidente.

Conrado　　　　　　　¿Cantar quieres?

Margarita　　　　　　　　　　　　Y ha de ser.

Conrado　　　　　　　¿No miras que es desvarío?

Margarita　　　　　　Pues bebí, cantaré, tío.
　　　　　　　　　　¡O cantar o no beber!
　　　　　　　　　　　Dígase aquella letrilla
　　　　　　　　　　de que alguna vez me agrado.

Camilo　　　　　　　Confuso me da cuidado;
　　　　　　　　　　dudoso me maravilla.

Músicos　　　　　　　　«Súfrase quien penas tiene;
　　　　　　　　　　que tiempo tras tiempo viene.»

Margarita　　　　　　　Dice esta letra verdad;
　　　　　　　　　　que un tiempo tras otro viene;
　　　　　　　　　　y algunas veces conviene
　　　　　　　　　　que esté el Rey sin majestad;
　　　　　　　　　　　que el cuerdo locuras diga;
　　　　　　　　　　que disimula quien ama;
　　　　　　　　　　que tenga piedad la dama;
　　　　　　　　　　y tal vez el tiempo obliga
　　　　　　　　　　　a no creer lo que vemos,

ni a juzgar lo que miramos.
¡Oh, cómo nos engañamos!
Secreta el alma tenemos.

Dios solo ve el corazón;
misterios el hombre encierra.
Nuestra vida humana es guerra;
ardides las obras son.

Cuerda es tal vez la locura;
una vez se ha de morir;
dulce cosa es el vivir;
engañosa es la hermosura.

Si en este tiempo me aflijo,
en otro tiempo me alegro.
«Blanco vi lo que fue negro»,
por esto, marqués se dijo.

Músicos   «Súfrase quien penas tiene;
                             que tiempo tras tiempo viene.»

Camilo   ¿Gloso?

Margarita   Yo quiero danzar
                     para que entienda el marqués
                     que hará mudanza quien es
                     loca ahora.

(Danza un paseo.)

Conrado   No has de estar
                     tan sin decoro. No sea
                     lástima nuestra tu brío.

Margarita   ¡Lo que mi quiere mi tío!
                     Tenga lo que me desea.

(Sale Octavio.)

Octavio   La pluma está aquí.

Margarita   Yo soy
quien ha de firmar.

Conrado   Señora,
estás indispuesta agora.

Margarita   Mas cuerda que vos estoy.
     Venga esa pluma y entienda
el marqués que sé escribir.

(Escribe.)

Federico (Aparte.)   (¡Qué tan sabio discurrir
con accidentes se ofenda
     lastimosos! ¡Cielo! ¡Cielo!
¿Qué no te mueva a piedad
esta hermosa majestad,
esta hermosura del suelo?
     No borres esta belleza;
no manches este cristal,
traslado del celestial
blasón de naturaleza.
     ¡Cese, cese tu rigor!
¡Sé piadoso en tu ejercicio!
Da a Margarita juicio,
o quítame a mí el amor.)

Margarita   Mirad mi letra, marqués.
¡Leerse! Y aunque rompí

vuestra carta, la leí.
Ésta la respuesta es.

(Dale el papel.)   Otra habilidad me falta,
que al veloz gamo he seguido
en el valle más florido
y en la montaña más alta.
  De Adonis vengué la muerte
con un venablo; que así
la furia de un jabalí
resistí gallarda y fuerte.

Conrado   Bastan ya los accidentes.
Partir quiere el marqués.
Más lástima no nos des.

Margarita   ¿Tú estás lastimado? Mientes.
  Federico, Federico,
hijo del emperador,
que de un reino eres señor,
el más hermoso, el más rico,
  loca me quieren hacer.

(De rodillas.)   ¡Denme libertad tus manos,
y libra de estos villanos
a una infelice mujer!
  Mi humilde inocencia ampara.
Cuerda estoy y esto suplico.

Conrado   Señora, no es Federico;
que es el marqués de Pescara.

Octavio   ¡Qué locura!

Conrado   ¡Qué dolor!

Margarita   Pues si a este marqués agrada,
                   con tu favor y esta espada,

(Saca la espada a Federico.)

                   vos probaréis mi rigor.
                      ¡Vive Dios!, que he de esgrimir
                   aqueste acero de suerte
                   que tiemble de mí la muerte.
                   Vuestros pechos he de abrir,
                      porque salga la fiereza.
                   ¡Déjame, que he de matarlos!

Carlos   ¡Señora!

Margarita   ¿Qué tienes, Carlos?
                   Segura está tu cabeza.

Federico   Todo encanto me parece;
                   todo me parece sueño.
                   Volved la espada a su dueño,
                   porque con ella os ofrece
                      morir en vuestro servicio.
                   En mi brazo, como es justo
                   la moverá vuestro gusto.

(A Federico.)

Camilo   ¡Qué hablando estés en juicio!

Margarita   También yo, como cruel,
                   vuestro pecho abrir quisiera.

Federico   ¿Por qué conmigo tan fiera?

56

Margarita	Para ver lo que hay en él.
Federico	Halláredes un amor que en el mundo no se usa, una lástima confusa, una duda y un temor; una imposible esperanza, una engañosa verdad, una pena sin piedad, un tormento sin mudanza, un cuidado que no es y un bien que el tiempo ha deshecho.
Margarita	Brava oscuridad de pecho. ¡Dios os alumbre, marqués!
Camilo	¿Está preñado?
Conrado	Ya basta tanto hablar. Veré si puedo sosegarla con el miedo.
(Detrás ellos.)	
Margarita	¡Oh, viejo de mala casta! Vos me habláis con ese brío? ¡Temed! ¡Ya Sicilia tema!
Octavio	Con los dos tiene la tema.
(Vase Octavio.)	
Margarita (Aparte.)	(¡Vengaré el agravio mío!...

Mas no, que locura es
no callar disimulada.)

Federico   Señora, dadme la espada.

Margarita   Todo se os rinde, marqués.

(Dásela a la puerta, y vanse todos.)

Federico   ¿A cuál hombre sucedió
esto que me está pasando?
En mi pecho borra hablando
lo que viéndola pintó.
Cuando los labios cerró,
imagen hermoso fue
de quien yo me enamoré;
pero en oyéndola hablar,
se quedó sin retocar
el amor que bosquejé.

Camilo   ¿Pintor estás hoy?

Federico   De aquí
partir al punto debemos;
que estoy entre dos extremos,
dudoso y fuera de mí.
Hermosura muerta vi,
y el retrato celestial
desmintió el original.
¡Oh, qué belleza tan alta!
Pero si el alma le falta
es belleza irracional.
Hermosura tiene el prado,
la flor, la abeja, la fuente,

pero ninguna consiente
corazón enamorado.
Lo mismo he considerado
que debo sentir agora.
Margarita es bella aurora,
pero es bruto su valor;
que la más hermosa flor
alegra mas no enamora.
    Huyamos, y yo escarmiente
en el otro desdichado
que se hallaba enamorado
de una estatua. Estando ausente,
entrará en mi pecho ardiente
con lástima el olvido.
Sirena al contrario ha sido.
Para huir sus enojos
debemos vendar los ojos
y destapar el oído.

Camilo   Haces bien. Cuerdo es tu intento;
que si un rato cuerda es,
locuras hará después.
¿No sabes el otro cuento?
    Un alcalde de repente
mandó azotar a un [bermejo],
y riñéndole el consejo
porque le azotó inocente,
    replicó: «Bien hecho está.
Yo le azoté con derecho;
y si hasta agora no ha hecho
por qué azotarle, él lo hará
    que bermejo es». Mas di,
¿leíste acaso lo escrito?

Federico	No lo he visto.
Camilo	Fue delito.
Federico	¡Buena letra! Y dice así: «No hay Reinar como vivir.»
Camilo	¿No dice más?
Federico	Esto dice. Y como discursos hice para amar y resistir, qué dudar y qué sentir me dan agora, Camilo. Misterios tiene su estilo.
Camilo	El más valiente se espanta cuando la sirena canta, cuando llora el cocodrilo, cuando el basilisco mira, cuando el toro escarba. Teme que el fuego manso te queme, porque en la blandura hay ira como el áspid cuando espira entre las flores veneno. ¿De misterios hallas lleno el mote? Locuras son.
Federico	Discurre con razón, ya que con desdichas peno. «No hay Reinar como vivir», que debemos estimar el vivir más que el Reinar sin duda quiere decir.

60

Camilo	¡Qué donoso discurrir!

Federico	Luego la Reina ha dejado
	de Reinar porque ha estimado
	más la vida, y de esta suerte
	sin duda teme la muerte
	en el reino que ha heredado.
	   A solas discurre bien;
	y en viendo a su viejo tío,
	con un colérico brío
	muestra un furioso desdén.
	Favor me pidió. También
	quién soy sabe. A que me vaya,
	da prisa Conrado. Que haya
	misterio en esto no dudo.
	¿Qué escollo, qué monte pudo
	resistir en esa playa
	   más olas? ¡Qué confusiones
	y dudas resisto yo!
	Segunda vez me venció
	amor con estas razones.
	Si remedio no interpones,
	veloz tiempo, yo me pierdo.
	De nuevo sueño recuerdo;
	nueva deidad me provoca.
	¿Si Margarita está loca,
	para qué quiero ser cuerdo?
	   Sicilia mi tumba sea;
	volcán de Sicilia soy.
	Sienta mis ausencias hoy
	si Nápoles me desea.
	Como yo a la Reina vea,
	he de esperar y sufrir,

padecer, amar, sentir
vida pobre [o] muerte rica,
hasta ver qué significa
«No hay Reinar como vivir».

(Vanse y salen Margarita y Serafina.)

Margarita   Corrida estoy, Serafina,
de hacer locuras. Fingir
me ha cansado; y a morir
algunas [veces] me inclina
   la vergüenza que padezco.
A solas no puedo hablar
a Federico; lugar
no me dan. Loca padezco,
   y pienso que loca estoy
cuando más estoy en mí,

Serafina   Un remedio tengo.

Margarita   Di.

Serafina   Finge que quieres desde hoy
   a Octavio; di que deseas
casarte con él, de suerte
que si pretende tu muerte,
aunque algunas veces seas
   cuerda, engañados con esto,
tu vida han de procurar.

Margarita   ¿Qué sé yo si para amar
estará Octavio dispuesto?
   Porque, de ti aficionado,
Reina ha de querer hacerte

con mi desdicha y mi muerte.
Y no sé yo si Conrado
   tiene a Carlos más amor.
Agora Bien, quiero engañarlos.
Fingiré que quiero a Carlos,
que es hombre de más valor.
   Lo mismo haré con Octavio.
Cada uno ha de entender
que suya pretendo ser.

Serafina	A Carlos haces agravio si él no viene en la traición.
Margarita	¿Podrá defenderme a mí de su hermano y padre?
Serafina	Sí; pero aunque...
Margarita	La turbación dice que bien le has querido, y que de mí desconfías.
Serafina	Sirvióme, y ha muchos días que su amor ha suspendido.
Margarita	Segura estarás de mí, y antes haré con destreza examen de su firmeza. Yo le querré para ti.
Serafina	Dame la mano.
Margarita	Los cielos

por la tuya me han librado.
Mal podré darte cuidado;
mal podré causarte celos.

Serafina   Carlos viene. Yo te dejo.
Ten piedad como hermosura.
Aun no quedo muy segura.
Mi muerte fue mi consejo.

(Vase. Sale Carlos.)

Carlos   Reina y señora, estos días
melancólica te veo.
Tu gusto solo deseo.
Dime, si de mí te fías,
si en tantas melancolías
puedo servirte muriendo;
y perdóname si ofendo
tu silencio preguntando,
porque padezco dudando
y porque vivo temiendo.
   Este brazo y esta espada,
este pecho y esta vida,
a tu obediencia ofrecida,
a tu gusto dedicada,
si te sirve, si te agrada,
sabrá perderse por ti.
Vasallo tuyo nací.
Permite que entre tus labios
muestre el alma sus agravios
que son muertes para mí.
   Si mi sangre te ofendiera
con un ingrato barbarismo,
pelícano de mí mismo,

mi pecho y venas rompiera,
mi propio ser deshiciera
y con ánimo leal
no temiera liberal
los asombros de la muerte,
pervirtiendo de esta suerte
en mí el orden natural.

Margarita   Carlos, mi pecho os daré
manifiesto. Solo quiero
no casar con extranjero.

Carlos   Siempre entre los reyes fue
usado, claro se ve
la conveniencia, el casar
con los reyes por el mar
o por la tierra cercanos;
porque imperios soberanos
quieren unión singular.
   Hacer un Rey de un vasallo
no es política prudente;
y ansí un grande inconveniente
en tus pensamientos hallo.
Perdóname si no callo
mi opinión.

Margarita   ¿Y si el Rey fuera
hijo de Conrado?...

Carlos   Diera
al mundo espanto mayor,
que una estrella el resplandor
del mismo Sol compitiera.
   Rey, el Rey ha de nacer.

Vasallo Octavio ha nacido.

Margarita   No es Octavio el escogido.

Carlos   Pues otro no puede ser.
Nadie llegó a merecer
tan ilustre majestad.
Federico, esto es verdad,
sangre es tuya. No es extraño.
No permitas que el engaño
turbe ansí tu voluntad.

Margarita   Federico no se inclina
a mi amor. Mal satisfecho
de mis partes, yo sospecho
que se rinde a Serafina.

Carlos   No es posible; que es divina
la majestad que hay en ti,
y el que es Rey es un neblí
que a las águilas se atreve.
Cuando en esferas de nieve
surca líneas de rubí,
no abate sublimes vuelos
a empresas de otro valor.

Margarita   No tienes, Carlos, amor,
pues no has tenido celos.

Carlos   Ya confieso que son cielos
de Serafina los ojos
para mis vanos antojos;
y amores castos y sabios
nunca recelan agravios;

                       nunca padecen enojos.
                          No ofende el Sol al aurora.

Margarita   Pues yo te quiero.

Carlos   ¿Tú a mí?

Margarita (Aparte.)   (Para Serafina, sí.)

Carlos   Beso tu mano, señora.

Margarita   Descubrirte quiero agora,
                       que te he visto varón sabio,
                       mi pena, mi mal, mi agravio.
                       Ayudarme tienes hoy.
                       Sabe, Carlos, que no estoy...

Carlos   ¡Silencio, que viene Octavio!

Margarita (Aparte.)   (¿Por qué los hados crueles
                       el remedio me dilatan?)
                       Vete, pues.

(Vase Carlos. Sale Octavio.)

Octavio   ¿Cómo te tratan
                       estas fuentes y laureles?
                          ¿Cómo te va de tristeza?

Margarita   Mal de gusto y de salud.

Octavio   Esfuerce la juventud
                       desmayos de la belleza.

67

Margarita (Aparte.)   (¿A un necio que me molesta
                          amores he de fingir?)
                          ¡Lo que me cuesta el vivir!
(Aparte.)   (¡La mayor locura es ésta!)
                              [Octavio, sé que sabrías]
                          darme el gusto más perfeto.
                          Remedia como discreto
                          mis graves melancolías.
                              No quiero tomar estado
                          fuera de Sicilia yo;
                          primos el cielo me dio;
                          dile mi gusto a Conrado.

Octavio (Aparte.)   (Casarse quiere la loca;
                          con Carlos debe de ser.
                          ¿Más envidia he de tener;
                          más sentimiento me toca?)
                              Carlos, señora, no es
                          varón que sabrá Reinar.

Margarita   Con tu ingenio singular,
                          ¿es posible que no ves
                              del fiero Amor los agravios
                          con que al pecho quiere entrarse?
                          ¿No ves el alma asomarse
                          a los ojos y a los labios?
                              ¿No te ha dicho mi recato,
                          con retórica elocuente,
                          la pena que el alma siente?
(Aparte.)   (¡Qué tierno está el mentecato!)

Octavio   Si tu pecho, ilustre y bello,
                          dijo el dueño que le agrada,
                          el alma desconfiada

no habrá sabido entendello.

Margarita   ¡Oh, cómo la discreción
de sí misma desconfía!
El talle, la gallardía
sin soberbia presunción,
  bien parecen. Sabe pues,
que el hombre que más merece
es el que bien me parece.

Octavio   Dime, señora, quién es;
  que alborozarse comienza
el corazón para oírlo.

Margarita   Volveré el rostro al decirlo,
que tengo mucha vergüenza.

Octavio   No haga tu silencio agravio
a mi lealtad y mi amor.

Margarita   ¿Hombre de tanto valor,
quién puede ser sino Octavio?

Octavio (Aparte.)   (¡Díjolo!, pero de modo
que burla me pareciera
su amor, si loca no fuera.
No lo maliciemos todo;
  ella me quiere sin duda.
Perdóneme Serafina.
El mar crece, el mar declina;
tal vez un monte se muda.)

Margarita (Aparte.)   (Pues, oyendo que le quiero,
con el susto y alborozo,

muerto, no se cae de gozo.)
¡Qué prudente, qué severo
  es un discreto! Desprecio
muestra al bien más singular.
Casi llego a desear
verle mal tallado y necio.

Octavio   De modo hablas que pudiera
presumir que lo fingías.

Margarita   ¿Qué quieres? Melancolías
me tienen de esta manera.

Octavio   Dice bien; y agradecido
a favor tan celestial,
quisiera ser inmortal;
y para serlo te pido...

Margarita   ¿Qué?

Octavio   Que una mano me des.

Margarita   ¡Oh, colérico amante!
Recibid agora el guante,
que la mano irá después.

(Arrójalo.)

Octavio (Aparte.)   (Más parece desafío
que favor.) Tu esclavo soy.

Margarita (Aparte.) (De esa manera le doy,
pues sois enemigo mío.)

Octavio
A mi padre daré cuenta
del bien que estoy recibiendo.

(Vase.)

Margarita
Eso fue lo que pretendo.
¡Oh, qué desdicha, qué afrenta!
    ¡Qué haya de fingir extremos
una Reina de este modo!
Viviendo se alcanza todo;
vivamos pues, y callemos.

[Sale Porcia.]

Porcia
¡Señora!

Margarita
¿Qué quieres?

Porcia
Mira
que es aqueste embajador
hijo del Emperador.

Margarita
Calla, necia; que es mentira.

Porcia
Un hombre le ha conocido;
que es Federico declara,
y no marqués de Pescara.

Margarita
Pues calla, si lo has creído.

(Vase.)

Porcia
Saber lo cierto querría.

(Sale Camilo con un papel.)

Camilo (Aparte.)   (Es de la cámara o dama.)
Dígame cómo se llama,
señora, vueseñoría.

Porcia   Porcia soy.

Camilo (Aparte.)   (Y fue mujer
de Bruto en Roma.) ¿Sin duda
que es vuestra merced ayuda
de cámara de placer?

Porcia   Lo soy.

Camilo   Todos ayudamos:
tú a servir, y yo a reír.
¿Quieres, Porcia, recibir
un papel? Solos estamos.
Dalo a la Reina, y yo sé
que tendrá alguna alegría.

Porcia   Si Federico le envía,
yo, señor, se lo daré.
Todo se sabe; no es
marqués de Pescara.

Camilo   Juro
al vino de Candia puro
que está en Sicilia el marqués.

Porcia   ¡Y lo será Vueselencia!
¿Para qué son estas flores?

Camilo	Mal podemos los señores
	encubrir nuestra presencia.
	No niego. Soy el marqués
	y Porcia quien me ha traído
	enamorado y rendido,
	hasta ponerme a sus pies.
	Porcia es, Porcia será
	mi eterno dueño.

Porcia   Señor,
amad belleza mayor.

Camilo   ¿Qué gigante se hallará
                    mayor? Tal cual la quiero.
                Sí, por la fe de quien soy.
                Y permitid que desde hoy
                os festeje en el terrero.

Porcia   Tanto amor me maravilla.

Camilo   Marquesa sois.

Porcia   ¡Dicha extraña!

Camilo   Por vos se toca en España
                la campana de Velilla.

[Dale el papel.]   Dadlo a la Reina, y después
                yo veré vuestra hermosura.

Porcia   Todo en el mundo es ventura;
                quizá seré del marqués.

Camilo   Torna a decir «vueselencia»,
                que es voz que suele agradarme.

Porcia   Vueselencia ha de mandarme.

Camilo   Bien me sonó. Con licencia.

(Vase Camilo. Sale Conrado.)

Conrado (Aparte.)   (Porcia está con un papel;
                     pienso que es de Federico.
                     Vivir debo con cuidado;
                     estar debo con aviso.)
                     Porcia, ¿qué papel es éste?
                     No lo encubras.

Porcia   Le recibo
                     del marqués para la Reina
                     agora.

Conrado   Yo solicito
                     su salud. Dámele.

Porcia   Toma.
(Aparte.)   (¡Con qué imperio lo ha pedido!)

(Lee.)

Conrado   «Vivir podrás y Reinar,
                     si te declaras conmigo.»
                     No dice más el papel;
                     pienso que corre peligro
                     mi pretensión.

(Sale Octavio.)

Octavio	Dame albricias.
	La Reina, que mal me quiso,
	me adora en esta locura.
	Ha dado favor, ha sído
	este guante; y que me quiere
	para su esposo me ha dicho.
	¡Oh, quién pudiera volverle
	aquel pasado juicio!
(Aparte.)	(De haberle dado el veneno
	siempre estaré arrepentido.)
Conrado	Octavio, de que el marqués
	no es quien dice, tengo indicios.
	Conviene echarle de aquí.
Porcia	Que me vuelva, te suplico,
	el papel.
Conrado (Aparte.)	(Dárselo quiero,
	pues que ya estoy prevenido,
	para ver lo que resulta.
	En efecto la vencimos.)
(Dáselo.)	¿Bien te quiere?
Octavio	Rey seré;
	que dueño suyo me dijo.

(Vanse Conrado y Octavio.)

Porcia	Daré el papel a la Reina.
	Quizá con este servicio
	agradaré de manera
	que el marqués venga a ser mío.

(Sale Margarita.)

Margarita   ¿Qué papel es ése?

Porcia   Tuyo.
del marqués le he recibido;
y porque lo sepas todo,
aunque yo honesta resisto,
está de mí enamorado;
y por mí a Sicilia vino.

Margarita   ¿Qué lenguaje es ése, necia?
No digáis más desatinos,
noramala.

Porcia (Aparte.)   (¡Por hablar,
un marquesado he perdido!)

(Vase Porcia.)

Margarita   «Vivir podrás y Reinar
si te declaras conmigo.»
Es la respuesta del mote
que mis miedos han escrito.
Allí Federico viene.
¡Oh, alcázares cristalinos!
¡Oh, cielo, tened piedad
mientras mi pena le digo!

(Sale Federico.)

Federico   Lástima, amor y cuidado
a palacio me han traído,
tan dichosamente agora

que la Reina sola he visto.

Margarita   Atended a mis razones,
valeroso Federico,
pues queréis que me declare
entre el temor y el peligro.
Id con ánimo, señor;
que hoy he de hablar con juicio;
pues solo para vivir
es mi frenesí fingido.
Conrado, un hijo cruel
que fue de mi abuelo... Miro
si alguno puede escuchar.

Federico   No, señora.

Margarita   Pues, prosigo.
Hízole gobernador
el Rey mi padre. Mal hizo;
que aficionado a mandar,
le dejó desvanecido
la majestad, que el imperio
es un natural hechizo
que el alma nos arrebata
y suspende los sentidos.
Para deponer el cetro
se llegó el tiempo. No quiso
ver sin diadema su frente,
ver sin púrpura sus hijos.
Intentó darme la muerte
o dejarme divertidos
el discurso y la razón.
Yo sabiendo sus designios,
me fingí incapaz del reino.

Con estas locuras vivo,
con vida y avergonzada.
Aspides son los que piso,
basiliscos, lo que veo;
y en un temor indistinto
de todos tengo recelos,
porque fuerzas y presidios,
gente y gobierno son suyos.
Solo, Federico, es mío
el nombre de Reina, nombre
de que más pena recibo.
Llamarse lo que no es
o es desdicha o desvarío.
Ya que el amor te condujo,
ya que el cielo te ha traído,
ya que mis ojos te ven,
sácame del laberinto
de mis temores, y puebla
esos mares de navíos.
Tuya soy; seré tu esclava.
Segunda vez he nacido
de ti mismo si esto haces.

Federico

Di que me daré a mí mismo
la vida, el alma y el ser.
Dichoso yo si te sirvo;
dichoso yo que te escucho
que estás cuerda, dueño mío.

(Conrado, al paño, detrás de Federico.)

Margarita

En tanto que no te vean
romper montañas de vidrio
con las águilas del mar

que fueron hayas y pinos;
en tanto que tú no vuelvas
con un ejército altivo
amenazando esos montes
que son volcanes y abismos
de fuego, yo, desdichada,
quizá amando, suspendido
tendré el uso a la razón;
y enfrenando el albedrío,
diré locuras, pues veo
que obligada del destino,
no hay Reinar como vivir.

(Aparte.)

(¡Ay de mí!, que nos ha visto
y nos escucha Conrado.
Ya estoy con nuevos peligros;
hacerle no puedo señas.
¿Qué he de hacer! Locuras finjo;
y pues que celos sentí
de lo que Porcia me dijo,
agora podré mostrarlos;
agora podré pedirlos.)

Federico

Señora, yo os libraré,
o el Etna, al Sol atrevido,
de mis cenizas será
pirámide u obelisco.

Margarita

Ansí engañan a los bobos.
¡Qué fácilmente ha creído!
Loca, sustento intervalos;
la Luna es retrato mío.
De Porcia está enamorado;
ya lo sé. Vuélvase, amigo,
a su tierra, que también

quiero yo a Octavio, mi primo.
Porcia es hermosa, aunque humilde.
Pues que requiebros le ha dicho,
allá con Porcia se avenga;
con Octavio haré lo mismo.
¡Oh, quién viera con bajeles
en ese mar al bobillo
que da crédito a locuras!
Sepa que una loca he sido.
Como el Sol en el febrero
muestra dorados y ricos
los cabellos, y al momento
en los cóncavos sombríos
de una nube los esconde,
y, como si fuera niño,
ya se alegra y ya se enoja,
ya proceloso, ya limpio,
yo las aguas y los vientos
con lágrimas y suspiros
suelo aumentar; y otras veces
de todo el mundo me río.
Agora me voy alegre
que engañada ha presumido
que en las fuentes de Sicilia
fue enamorado Narciso.
Y también, como escribano,
antes de poner mi signo,
lo que va testado valga,
que doy fe a lo sobredicho.

(Vase Margarita.)

Federico   ¡Señora, espera! ¡Ay de mí!,
                  que enamorado he creído

80

que era cuerda y loca está!

(Vase Federico.)

Conrado (Aparte.)   (Yo también creí lo mismo.)

Fin de la segunda jornada

Jornada tercera

(Salen Conrado, Federico y Camilo.)

Conrado
　　　　　　　Si hay en Sicilia quien diga
que vos no sois el marqués,
¿qué gusto ni qué interés
a estar con ella os obliga?
　　¿Ya no estáis desengañado?
¿Tenéis acaso otro indicio?
La Reina está sin juicio;
el reino está lastimado.
　　Su locura es que veneno
le han dado nuestras violencias;
y aunque tiene intercadencias
su mal, nunca está sereno
　　su rostro. De esta verdad
sois testigo.

Federico
　　　　　　　　　Verdad es.

Conrado
Volved a Nápoles, pues.
Dad cuenta a su majestad
　　que aunque la Reina está ansí
de su autoridad desdice,
y que sois el Rey se dice.
No conviene estar aquí.

(Vase Conrado.)

Federico
　　　　　　Harélo, señor Conrado;
que ya el desengaño he visto.
Loco soy pues que conquisto
Sol hermoso inanimado.

Loco volveré si estoy
más en Sicilia, Camilo.
Una vez con cuerdo estilo
escucho a la Reina y doy
    fe a lo que el alma desea;
otra, a dudar me provoca.
Ya está cuerda, ya está loca.
¡Vive Dios, que me marea!

Camilo   ¿Qué locos no tienen eso?
No es en ellos cosa extraña;
cualquier loco nos engaña
hablando a ratos en seso.
    Mas ya, señor, no podemos
irnos de Sicilia.

Federico   Pues,
¿qué tenemos?

Camilo   Soy marqués,
y otra pretensión tenemos.
    E irme de aquí no me mandes;
que soy persona más alta.
Para señor, ¿qué me falta?
Ya traigo las uñas grandes.
    Al guardar modelo doy;
no doy al pobre ni enfermo;
de noche ando, de día duermo;
según esto, señor soy.
    En España no son tales;
en ellos hay excepción.
Allá estuve, y todos son
bizarros y liberales.

(Sale Carlos.)

Carlos (Aparte.) Señor marqués (callo el nombre
porque lo manda la Reina),
de Sicilia no os partáis,
su majestad os lo ruega.
A solas te quiso hablar,
pero no pudo, y apenas
pude entenderla, que dijo:
«Di al marqués que no se vuelva
hasta que le desengañe,
y mis desdichas entienda.»
Yo, señor, que atentamente
conozco la conveniencia
de este reino, a Federico
verle su dueño quisiera.
Y cuando a la Reina miro
con ansias y con tristezas
que mi discurso imagina,
que mi malicia penetra,
pésame de que en Sicilia
asistáis, viendo que es fuerza
que os dé llanto la desdicha
que os dé cuidado la pena;
pero yo osara afirmar
que Margarita está cuerda;
si no, fuera en este caso
temeraria una sospecha.
No os vais, señor, hasta ver
si algún misterio se encierra
en esta melancolía,
que mil desvelos me cuenta.
Yo sé que ama a Federico
su majestad, y que piensa

favorecer sus deseos.
No será razón que crea
que está loca una mujer
que en el ingenio y belleza
es ángel, y una hermosura
tan bizarra y tan discreta
que fatigar sabe montes,
que sabe diversas lenguas,
que la política sabe
como si en Roma y Atenas
pudiera haberla aprendido
de Aristóteles y César.
Haced que estos casamientos
felices efectos tengan,
para que las dos Sicilias
cuellos de un Aguila sean.

Federico (Aparte.)   (Mis pretensiones se animan,
mis esperanzas se alegran,
si ella me manda que espere,
y éste la tiene por cuerda.)

Camilo   Hijo es éste de Conrado.
¿Quién duda que no pretende
descubrirte la intención?

Federico   Ha sido aguda advertencia,
y no tengo ya en Sicilia
negocios que me detengan
con la Reina, cuando a todos
su locura es manifiesta.
Bien Federico la sabe.
Pero amor, a cuyas flechas
no hay exención de albedrío,

no hay humana resistencia,
verme obligó a Serafina
para no dejar defensa
a los ojos cuando al alma
refiriesen su belleza.
Esto, Carlos, me detiene.
Si vuestro padre me diera
a Serafina, esas ondas
de espuma pálida llenas,
para mi curso dichoso,
y para mi alegre vuelta,
ya fueran cielos de flores,
ya fueran campos de estrellas.

Carlos (Aparte.)   (¿Qué es lo que oigo? No sin causa
dijo lo mismo la Reina.
El competidor es grande;
cierta es mi muerte. ¿Qué esperan
mis ojos? ¿Más desengaño?
¿Mi corazón más paciencia?
Haré que no le conozco.)
Marqués, por cosa muy cierta
me han dicho que Federico
a Margarita desprecia;
después de haber deseado
su casamiento, que fuera
blasón en los otros siglos
de la romana soberbia.
Que ama en otra parte dicen
menos deidad y belleza.
¡Que ésta es bastante ocasión
para ser mayor la ofensa!
Siendo ansí, no es maravilla
que yo los agravios sienta

de mi Reina; y ya que el cetro
y la majestad reservan
al Rey la soberanía
y la rara preeminencia
para que no le igualemos
los demás mortales, sepa
que hay en Sicilia vasallo
que le retara y dijera
que hace mal en ser mudable,
si la majestad depuesta
pudiera ser. No es posible,
pues como a dioses venera
a sus monarcas el mundo.
Humanas leyes exceptan
a las personas reales
de este duelo; competencias
no sufren las majestades,
que todo es sagrado en ella.
Y ya que esto es imposible,
con la espada y con la lengua
sustentaré de él abajo
que merece más mi Reina
que toda mortal criatura,
y no hay otra que merezca
al Rey de Nápoles tanto,
y el ser mudable con ella
es delito, es sacrilegio.
Vos y yo en esa ribera
podemos averiguar
si esto es verdad, pues con
ésta, que asombro del Asia ha sido,
os defenderé que es cuerda,
que es hermosa, que es divina,
que es soberana y discreta

Margarita de Sicilia,
fénix sin segundo. ¡Venga
el que quisiere tras mí
y lo contrario defienda!

(Vase Carlos.)

Federico   Mal podrá contradecirte
quien eso mismo desea.

Camilo   ¡Por Dios, que te desafían!
Quiera el cielo que no tengan
veneno aquellas palabras,
malicia aquellas finezas.
¡A embarcarnos, a embarcarnos!
Hagan la seña de leva
en ese pobre bajel
que ha días que nos espera.

Federico   Es rémora amor; no puedo.
¿Pero qué burla fue aquella
de decir que eres marqués?

Camilo   Yo la diré: Porcia piensa
que soy Marqués de Pescara
y tú Federico, y lleva
tragado que ha de ser mía.

Federico   Agora el alma penetra
lo que la Reina me dijo.
Amor tiene la que cela;
seso tiene la que siente.
¡Ea, desengaños, ea!
Salgamos ya de estas dudas.

Camilo	¿Otra? ¿Luego ya te quedas?
	¡Vive Dios!, que eres gitano
	que juega a la coregüela.
	Ya está fuera, ya está dentro;
	ya te vas, ya te ausentas;
	y por ti ha de decirse:
	«Ir y quedar y con quedar partirse.»

(Sale Octavio.)

Octavio	Vos, señor embajador,
	tenéis a Sicilia puesta
	en confusión y cuidado.
	¿Qué detención es la vuestra?
	Desengañaros pretendo.
	De que Federico quiera
	a Margarita resulta
	el estar triste y enferma.
	De extraño esposo no gusta;
	y mi dicha es quien espera
	este reino con su mano.
	Su voluntad manifiesta
	está al mundo: solo Octavio
	ha de ser quien la merezca.
	Con esto podéis partiros
	y no causar más tristeza
	a sus ojos.

Federico	Esto sí
	que fue tirana violencia;
	esto sí que fue desdicha;
	esto sí que fue tragedia;
	esto sí que fue morir.

¡Aquí, aquí, mortal paciencia!
¡Aquí, aquí, que con los celos
fueron minas que revientan
mis confusiones y dudas!

Camilo   Quizá es mentira, no temas.

Federico   Verdad es; y por locura
tuve estas razones mesmas,
oyéndolas de su boca.

Octavio   La Reina sale; no os vea,
que le dais melancolía.

Federico   Suceda lo que suceda,
¡vive Dios, que he de escuchar
mi rigurosa sentencia!

(Retíranse [Federico y Camilo] y sale Margarita.)

Margarita   Triste vengo, primo mío.
Sabe que me da cuidado
lo que esta noche he soñado.

Octavio   ¿Qué, señora?

Margarita   Que mi tío,
por heredarme, me daba
una muerte rigurosa.
Mas desperté pavorosa,
y acordándome que amaba
a Octavio, cobré valor;
dejé el miedo; y han quedado
la tristeza y el cuidado

compitiendo con mi amor.
     Haz que no me maten, primo,
ni que veneno me den,
pues que yo te quiero bien,
pues sabes lo que te estimo,
     que ya voy estando cuerda,
y verás lo que te quiero.

Octavio
     ¿A ti la muerte? ¡Primero
mi vida y honra se pierda!
     La muerte que en sueño ves
no ha de ofenderte inconstante
sin hallarme a mí delante,
para que mueras después.
     Pierde, señora, el recelo;
porque el pálido terror
de los mortales valor
no tendrá contra ese cielo.

Margarita
     ¡Qué buen primo, qué leal,
qué galán, y qué avisado!
¡Lo que le quiero!

Octavio
                    Obligado
a mostrarse liberal
     es amor. Dame la mano
que me tienes prometida.

Margarita
Larga es, Octavio, la vida.
Tiempo habrá, que aun es temprano.
     Yo te la daré muy buena.

Octavio
Amenaza y no favor
es ése.

Margarita (Aparte.)   (Pierdo el temor.)
¿Lo que digo te da pena?
    Huérfano tengo ese guante
después que el otro te di.
Tómalo entretanto.

Octavio   Ansí
vive glorioso un amante.

Federico (Aparte.)   (Y otro morirá ofendido.
Favor le ha dado, y lo vi.
No hay disculpas. ¡Ay de mí,
los celos me han embestido!
    No hay humano sentimiento
que los pueda resistir.
Sin paciencia ha de morir
quien ama sin escarmiento.)

(Sale.)   Esta villana traición
pide venganza a los cielos.
Agravios son y no celos
los que arroja el corazón.
    Por los ojos y la boca
diga este trance fatal
que la Reina es desleal,
y no digan que está loca.
    ¿De Federico se ofende
cuando pide confiado,
cuando sirve enamorado,
y cuando cortés pretende?
    ¡Vive Dios!, que este favor
más villano y cruel que rico,
ha de ser de Federico
premio, no de tanto amor

                    pero señal de venganza.

(Quítale el guante a [Octavio].)

Octavio   ¿Celos sientes por tu Rey?

Federico   ¡Vasallo de buena ley
                     estos enojos alcanza!

Octavio   Volvedme el guante, marqués,
                     u os daré la muerte aquí.

Federico   ¡Volverélo, pero ansí!

(Rómpelo y arrójale el guante.)

                        Dirá el favor a tus pies
                           que desprecio justo ha sido
                        de un escudero cansado
                        lo que un Rey ha deseado,
                        lo que un Rey ha merecido.

(Levántalo.)

Octavio   Pues yo vengaros prometo
                     y mostrar que os merecí.
                     Marqués, seguidme, que aquí
                     perderemos el respeto
                        a la Reina.

(Vase.)

Federico   Ya te sigo,
                     aunque igual tuyo no soy.

Falsa, si el alma te doy,
¿usas desprecio conmigo?

Margarita   ¿Fuése? Sí. Federico,
Rey y señor, ¿hasta cuándo,
sin entender mis querellas,
habéis de estar engañado?
Si por diversos caminos
cuenta os di de mis agravios,
acabad ya de entenderme.
Haced que vengan surcando
esas ondas vuestras velas.
Sabréis que no quiero a Octavio,
ni estoy loca. Federico
es, solo, el dueño bizarro
de mi voluntad. Amor
da atrevimiento a mis labios.
Perdonad si os manifiesto
mi corazón sin recato.
Ayer os dije lo mismo,
pero luego entró Conrado
y detrás de vos estuvo;
forzoso fue disfrazarlo.

Federico   ¡Qué cuerda estáis, mi señora!

Margarita   Sí, por vuestra vida; y tanto
que por dueño os he elegido.

Federico   ¡Oh, felices desengaños!
Pensando que estaba preso,
el reino napolitano
cubre ese mar de bajeles
hermosos y bien armados.

Margarita	Saldré ansí de cautiverio; ansí saldré de tiranos.
Federico	Y yo de las confusiones con que amor me dio cuidados.
Margarita	No dudéis más.
Federico	Pues, señora, fingid delirios no tantos que deis a Octavio favores.
Margarita	Yo os obedezco.
Federico	Yo os amo.
Margarita	Gracias al cielo que pude satisfaceros y hablaros.
Federico	Adiós, Margarita cuerda.
Margarita	Adiós, Rey desengañado.

(Vanse y salen Camilo y Porcia.)

Camilo	Doña Porcia, ¿no sabremos de los rubíes de esa boca de qué está la Reina loca?
Porcia	Muchas sospechas tenemos. Mucho Sicilia murmura; nadie piensa la verdad.

Camilo	¿Y cuándo a mi voluntad dirás la buena ventura? ¿Cuándo un favor me darás?
Porcia	De veras, ¿sois el marqués?
Camilo	Sí, por la vida de los tres.
Porcia	Y estamos los dos no más.
Camilo	El otro es mi grande amor.
Porcia	Yo os quiero favorecer; con esta cinta ha de ser.
Camilo	¡Qué menino es el favor! Una cadena mohosa, una sortijilla vieja es favor que al alma deja con achaques de dichosa; pero una cinta, un cabello, un ramillete, una flor, es melindre, no es favor.
Porcia	Traiga, vueselencia, al cuello ésta.

(Dale una cadenilla.)

Camilo	Muy de buena gana. Aunque mucho mayor fuera, yo ingrato la recibiera de una dueña y de una enana. Cadena sutil y bella,

una verdad te confieso;
que si igualaras en peso
la del puerto de Marsella,

   me parecieras mejor,
porque se viera mi pena
amarrada a una cadena
en las cárceles de amor.

   Pero retorno ha de haber
a tan amorosos lazos,
¡A mis brazos, a mis brazos!
¡Ea, Porcia! Acometer

   esta dicha importa agora.
No pierdas esta ocasión;
brazos de un marqués no son
para desechar, señora.

   ¿Cómo? No seas ingrata;
tú subirás muy apriesa
de la cámara a marquesa.
No sube tanto la plata.

Porcia   Pienso que burlas.

Camilo   No hay tal.
¿Levántasme testimonios?
¡Mal me quieran los demonios
si yo te quisiere mal!

[Vanse Camilo y Porcia, y salen Conrado, Carlos y Octavio.]

Carlos   Solos estamos. La puerta
he de cerrar esta vez,
haciendo al cielo juez
de que la intención acierta,

   si la acción errare.

Conrado	Di.
Carlos	No es decir. Hacer intento
	un leal atrevimiento
	y un discreto frenesí.

En Sicilia se murmura
que los dos sois ocasión
de la tristeza y pasión
de la Reina. Esto asegura
    saber que un destilador
sacó un agua que bebida
priva de seso; homicida
de la porción superior
    del alma. Por orden vuestra
Serafina se la ha dado.
¿De qué nación se ha contado
desdicha como la nuestra?
    ¿Cuándo halló la tiranía,
cuándo halló humana ambición,
tal linaje de traición,
tal modo de alevosía?
    ¿Cómo el cielo iluminado
sus ejes no ha estremecido?
¿Cómo la tierra ha sufrido?
¿Cómo ese mar ha callado?
    ¿Cómo no se trastornó
el mundo a un acto tan fiero?
Si puede ser, degenero
del padre que ser me dio.
    Hijo no soy de Conrado;
bien lo presumo y arguyo
que no sea hermano tuyo.
Cierto fue; no se ha dudado.

De la razón impelido,
a matarte vengo aquí
para castigar en ti
al que por padre he tenido.
   Pero si acaso lo es,
que ya no habrá quien lo crea,
primero su muerte vea,
y él me matará después;
   que con esto la ambición
verá su castigo en él;
que de un padre tan cruel
no ha de quedar sucesión.

(Pone mano.)   ¡Rayos vienen sobre ti;
tu fin tremendo ha llegado!

Octavio   ¿Vienes loco?

Carlos   Vengo honrado.

Conrado   ¿Piérdesme el respeto?

Carlos   Sí.
(Acuchíllanse.)   Pues a la Reina y a Dios
lo perdéis. Respeto es
el que miramos los tres,
siendo crueles los dos.

(Cáesele la espada a Octavio.)

Conrado   ¡No le mates! ¡Oye, espera,
mira que tu padre soy!

Carlos   No le mataré; y te doy
ejemplo de esta manera

de que al Rey, cuadre o no cuadre,
debe respetar el hombre,
pues que yo respeto el nombre
de padre sin ser mi padre.

(Dentro.)

Serafina

Abrid aquí. ¿Qué es aquesto?
¿Armas en palacio?

Conrado

Octavio,
abre allí.

Octavio

Verá este agravio
la satisfacción muy presto.
Seré Rey y vengaré
la infame injuria que vi.

(Abre y éntrese Serafina.)

Serafina

¿Voces y espadas aquí?
¿Qué es aquesto?

Conrado

Nada fue.
Hijo ven. Deja ese loco
hazañero y presumido
desleal.

(Vanse Conrado.)

Octavio

Desvanecido,
¿yo soy traidor?

Carlos

¡Y no poco!

Eres Rey de los tiranos;
y no es dichosa suerte
que se dilate su muerte,
porque morir a mis manos
    honra fuera, y ha de ser
sin honor y sin piedad.

Octavio

Rey me llamaste. Es verdad,
que Rey tuyo me has de ver.

(Vase Octavio.)

Serafina

Carlos, envaina el acero;
porque en palacio desnudo
traidor parece.

Carlos

            No dudo
que tú lo temas primero;
    porque siempre al delincuente
sigue cual hombre el temor;
y como tiembla la flor
que soplos del austro siente,
    de miedos y sobresaltos
se ve siempre combatido.
¡Cuántos el miedo ha abatido
de los lugares más altos!

Serafina

Ya te he dicho que te engañas.

Carlos

No hay negar.

Serafina

                Pues sí, hay negar.
Más me tienes de estimar,
si acaso te desengañas.

102

Más que tú seré leal.

Carlos
¡Ojalá tanto lo fueras!
Pues eres de dos maneras
a la Reina desleal.
   Federico te ha mirado
y a la Reina despreció
por tus ojos. ¿Qué sé yo
si tú la ocasión le has dado?
   Porque ya su voluntad
a tus favores aspira.

Serafina
¡Carlos, mentira, mentira!

Carlos
¡Ingrata, verdad, verdad!
   Yo de sus labios lo oí;
él mismo no lo negó.

Serafina
Son tus quimeras. ¡No, no!

Carlos
Son tus traiciones, ¡Sí, sí!

Serafina
   Ya sé que de haber fingido
la Reina que amor te tiene,
porque esta ficción conviene,
tus mudanzas han nacido.

Carlos
   Ya sé que de haber pensado
que serás Reina proceden
tus esperanzas; y pueden
haberte quizá burlado.

Serafina
   Ingrato, Rey no serás.

Carlos	Reina no has de ser, ingrata.
Serafina	¡Qué mal tu ambición te trata!
Carlos	¡Y tú, qué engañada estás!
Serafina	Yo no he fingido. ¡Ah, tormento!
Carlos	Yo tus mudanzas no sigo.
Serafina	Verdad es lo que yo digo.
Carlos	¡Verdad es lo que yo siento!

(Sale Conrado.)

Conrado
     Agora sí que convienen
tus soberbias y arrogancias.
Cubiertas tiene Sicilia
de soldados estas playas
y esas ondas de bajeles;
que en las azules espaldas
de ese mar, napolitanos
espanto dan a las aguas
y maravilla a esos montes,
que arrojan de sus entrañas
abismos de fuego. Carlos,
si presumes que tu espada
tiene pujanza invencible,
hoy es tiempo de mostrarla.

(Vase Carlos. Salen Margarita y Porcia.)

Margarita   ¿Qué es esto, gobernador?

104

¿Qué gente nos amenaza?
¿Qué bajeles enemigos
son los que producen armas
contra nosotros?

Conrado   Señora,
el que marqués se llamaba
era Federico; y vos,
con las tristezas pasadas,
lo mandastes prender. De esto
llegó a Nápoles la fama,
y por librar a su Rey
vienen con velas hinchadas
de soberbia y viento agora.

Margarita   Dadme un bastón y una espada;
que tengo valor y brío
para salir a campaña.

(Salen Octavio y Camilo.)

Octavio   Señora, si estás mejor,
muéstrate en esto bizarra;
que Federico pretende
ganar por punta de lanza
tu hermosa mano; y en viendo
las velas napolitanas,
a sus bajeles se fue
a recibir sus escuadras
de lucida gente. Solo
un loco que le acompaña
pudimos prender.

Conrado   Merece

que le den la muerte airada.

Camilo
¡No merezco, vive Dios,
que soy hombre de importancia!

Porcia
Advierta, su majestad,
que es el marqués de Pescara,
y de ser esposo mío
me ha dado muchas palabras.

Margarita
¿No te digo que eres necia?

Camilo
¿Qué blanca no es mentecata?
No te creas de ligero;
ten alma, nieve, ten alma.
Ésta es barba de marqués.

(Sale Carlos.)

Carlos
Manda que toque al arma;
que ya en las fértiles islas,
como en las selvas troyanas,
caballos arrojan gentes,
naves producen venganzas;
y ya Federico llega
con una bandera blanca,
señal de paz.

Octavio (Aparte.)
(Llega en vano
si no padece mudanza
mi fortuna.) Reina mía,
sepan todos que me llamas
dueño tuyo. Muestra agora
que a majestad me levanta

tu mucho amor.

(Sale Federico y gente.)

Federico   Margarita,
Reina y señora gallarda
de Sicilia, no te espante
ver que Nápoles desata
las áncoras de sus puertos,
que por tus islas marcha
ese ejército copioso.
Mi libertad intentaba
pensando que estaba preso;
mas ya, rendido a tus plantas,
solo servirte desea.
Libres dejarán las aras
de tus palacios, que son
inmunidades sagradas.

Margarita   Rey de Nápoles, Sicilia
a tus pies está humillada,
y solo aspira a gozar
los aplausos de tu gracia.
Bien venido, señor, sea,
no como antes, disfrazada
tu majestad, a mi reino.

Conrado   Mira, señor, que te engaña
el intervalo del mal
que la aflige. En sus palabras
hallarás después delirios;
y aunque loca, está enojada,
porque ha pisado tu gente
las arenas de esta playa.

Octavio	Y si por dicha entretiene tu voluntad esperanzas, Margarita tiene dueño; Rey estas islas aclaman.
Margarita	Ya que tu gente guarnece esas riberas, ufanas de que las pise tal Rey, a las bodas celebradas de mi dicha asistirá.
Federico	Dichoso el hombre que alcanza tanta gloria.
Octavio	Tuyo soy.
Margarita	Mi reino postro a tus plantas. Napolitanos, prended a estos dos.
Conrado	Aun no le falta el accidente. ¡Locura lastimosa y desdichada! Todo su tema es prender. Todo es decir que la matan. Bien te acuerdas de lo mismo cuando prenderte mandaba.
Margarita	Hoy, Conrado, con tu muerte, verás que es cuerda, que es sabia, la que por vivir dejó que tu malicia Reinara. «No hay Reinar como vivir»

dice un verso del Petrarca.
En mí se cumplió. Viví;
tú Reinaste, mas ya pagas
el delito que intentaste.

Serafina   Tirano viejo, ¿pensabas
que era yo tan desleal
que a mi Reina soberana
diera a beber tu veneno?
Su locura ha sido falsa,
y mi lealtad verdadera.

Octavio   ¿Tú nos has vendido? ¡Ingrata!

Carlos   ¡Oh, a mí me ha dado la vida
saber que lealtad alcanzas!

Margarita   Y que tu mano merece,
porque la lealtad premiada
debe ser. Dale tu mano.

Carlos   ¡Dichoso yo!

Margarita   Los dos vayan
desterrados de mi reino.
Carlos es quien les ampara
las vidas.

Federico   Mi Margarita,
ya la gloria deseada
de tu mano el alma espera.

Margarita   Dices bien, que sola un alma
nuestros dos pechos anima.

Federico	Al Amor daré las gracias de que ya cuerda te escucho sin el temor que ocupabas.
Margarita	«No hay Reinar como vivir», señores, en esto acaba; feliz suceso, si suplen vuestras mercedes las faltas.
	Fin de la comedia

Libros a la carta

A la carta es un servicio especializado para
empresas,
librerías,
bibliotecas,
editoriales
y centros de enseñanza;
y permite confeccionar libros que, por su formato y concepción, sirven a los propósitos más específicos de estas instituciones.

Las empresas nos encargan ediciones personalizadas para marketing editorial o para regalos institucionales. Y los interesados solicitan, a título personal, ediciones antiguas, o no disponibles en el mercado; y las acompañan con notas y comentarios críticos.

Las ediciones tienen como apoyo un libro de estilo con todo tipo de referencias sobre los criterios de tratamiento tipográfico aplicados a nuestros libros que puede ser consultado en Linkgua-ediciones.com.

Linkgua edita por encargo diferentes versiones de una misma obra con distintos tratamientos ortotipográficos (actualizaciones de carácter divulgativo de un clásico, o versiones estrictamente fieles a la edición original de referencia).

Este servicio de ediciones a la carta le permitirá, si usted se dedica a la enseñanza, tener una forma de hacer pública su interpretación de un texto y, sobre una versión digitalizada «base», usted podrá introducir interpretaciones del texto fuente. Es un tópico que los profesores denuncien en clase los desmanes de una edición, o vayan comentando errores de interpretación de un texto y esta es una solución útil a esa necesidad del mundo académico.

Asimismo publicamos de manera sistemática, en un mismo catálogo, tesis doctorales y actas de congresos académicos, que son distribuidas a través de nuestra Web.

El servicio de «libros a la carta» funciona de dos formas.

1. Tenemos un fondo de libros digitalizados que usted puede personalizar en tiradas de al menos cinco ejemplares. Estas personalizaciones pueden ser de todo tipo: añadir notas de clase para uso de un grupo de estudiantes, introducir logos corporativos para uso con fines de marketing empresarial, etc. etc.

2. Buscamos libros descatalogados de otras editoriales y los reeditamos en tiradas cortas a petición de un cliente.

www.ingramcontent.com/pod-product-compliance
Lightning Source LLC
Chambersburg PA
CBHW031536040426
42445CB00010B/570